JN409223

물길

松波 高錫元 第11詩集

엠-애드

열 한번째 시집을 내면서

2003년 10월 네 번째 시집 『겨울나무』를 낼 때 나는 출판사에 원고를 의뢰하고, 해질녘에 장항선 무궁화호를 타고 집에 왔는데…

서울역 장항선 플래트홈에 나와서 한 시간도 더 기다렸는데도 차가 들어오지 않았지만 불평은커녕 기쁘기만 했으니, 내 시집이 네 권이나 세상에 나온다는 게 너무 감격스러워서 그랬습니다.

그때 나는 나의 시 「고추잠자리」를 「아빠생각」의 동요곡에 맞추어 서울역에서부터 부르기 시작하여 한 시 간도 더 넘게 흥얼거리며 노래를 불렀습니다.

그 전에도 후에도 나는 시집을 낼 때마다 그렇게 감격해 했는데, 앞으로 시집을 얼마나 더 낼지는 알 수 없지만 시집을 낼 때마다 나는 지금까지의 시집보다 이번 시집이 더 아름답고 좋은 시집이 되게 해달라고 기도를 하면서도 막상 시집이 발간되면 두려워 한동안은 내 시집을 펼쳐보지도 못 합니다.

이번 시 11집 「구불길」도 언제나 그랬듯이 용기를 내서 부끄러운 시 60편을 정성스레 골라 담아 나와 내 시를 사랑하는 독자들에게 두려운 마음으로 드립니다.

2010. 1. 28

저자 松波 高錫元

Contents
차례

1부 구불길

2부 추억의 뜸북새야!

3부　큰 개부랄꽃 옆에서

4부 하나님의 뜻

5부　전원생활 2

1부 구불길

구불길

청암산 자락 옥산호숫가
구불길 대나무 골에서
우연히 만난 사람!

볼우물
미소 지던 그 얼굴
아련히 떠오를 때면

나, 청암산에 오지만
오늘도 그 사람은
보이질 않습니다.

구불길 맥문동은
저렇게들 다정히
마주보며 웃고 있는데…

연모(戀慕)

그대 처음 만나던 날
첫 인상이 너무 좋아서
헤어지면서 나는
그대에게 먼저 손을 내밀었지요.

처음 잡아본 그대의 손은
그대 마음만큼이나
보드랍고 따스해서
너무나도 좋았습니다.

자주 만나 대화하고 싶다는
그대의 정겨운 말 한 마디는
정말이지 내가 그대에게
먼저 하고 싶었던 말이었는데…

막상 그대를 찾아 나서려 하면 ·
그때마다 정작 내 몸은
망설이고만 있으니…
난 진정 그대를 사랑하고 있나봅니다!

그대만 보면

그렇게 서성이지만 말고
여기 와서 좀 앉아요.

그대만 보면
내 마음 포근해져요.

그대가 내게 서먹하게
대하는 건 진정 싫어요.

내가 싫지만 않다면
우리 영원한 친구로 살아요!

밤 한 톨

나, 이거 하나
주었으면 좋겠네!
밤 한 톨?

딸랑
하나밖에 없는
밤 한 톨!

내게 주고서도
오히려 더
좋아하는 사람!

좋아할 사람은 난데…
그 사람이 나보고 고맙다고 하네!
오, 사랑스런 사람아!

칭찬 2

언제나 보면
새치름히 말이 없어
멀게만 느껴지던 사람!

바로 옆에서 보니
더 예뻐 보여서
예쁘다고 칭찬을 해주었더니…

그 사람은 금세
함박꽃이 되어
다정히 내 팔을 감싸 안았네!

이메일

쥬니 장이 보내준
이메일 중에서
날 가장
기쁘게 했던 말은…

'우리 선생님!
나
가면
만나주실까?'

이브 날 아침

이브 날 아침
혼자
웃고 있는 사람!

그 모습이
너무 예뻐 보여서
말을 걸었더니…

대답대신
그 사람은 더
웃음덩어리가 된다.

참 좋겠다!

청바지

당신은 내 청바지를 보고
참 예쁘다고 하셨지요?

당신의 그 말 한 마디에
나는 벌써 당신이 좋아졌는데…

당신은 내 베레모까지도
잘 어울린다고 칭찬을 하시면서도

유독 나한테만은 멋있단 말
한마디를 끝내 하시지 않는군요.

춘설(春雪)

하늘에는 오는 눈
땅엔 녹는 눈

하늘에선
시설광풍을 떨다가도

땅에만 안기면
스르르 녹아 물이 되는 눈.

우리 님
마음같이 생긴 눈!

낮달 2

오리털 점퍼에 내 몸을 맡기고
소한 매서운 바람을 헤치며
운동 삼아 20분 거리
혼자 들판 길을 걷노라니…

구름 한 점 없는
선달 열사흘 하늘엔
순이 얼굴처럼 하얀
낮달이 나와 조용히 떠있는데…

맥깜 똘 행 길가엔
흰 두루미 한 가족 뽐내며
줄을 지어 서서
하얀 깃을 입질하고 있지만…

나는 달이 더 좋아!
내 어릴 적 같이 놀던 달!
나를 보면 언제나
빙그레 웃어주어서 좋아!

사랑하기 때문입니다. 2

나는 그 사람을 보냈습니다.
그 사람이 싫어서가 아니고
그 사람을 사랑해서
등 밀어 보냈습니다.

그리고 내가
그 사람을 찾지 않는 것은
내가 먼저 등 밀어 보내서가 아니라
그 사람을 사랑하기 때문입니다.

2부 추억의 뜸북새야!

추억의 뜸북새야!

나 어릴 제 지아멀 논에만 가면
언제나 뜸북뜸북 외로이
숨어 우던 추억의 뜸북새야!

네 울음소리 들판에 메아리치면
올벼 논 새를 보며 뙤약볕에서
너를 따라 나도 함께 울었으니…

네 울음소리엔 내 어릴 적
애환도 함께 담겨있어
나 지금도 널 잊을 수가 없는데…

너는 이제 어디에도 없으니…
아, 내 어릴 때 듣던 추억의
고향 소리를 내가 어디 가서 들으랴!

저금통

내가 네 살 때 역멀로 이사하던 해
나보다 큰 아이가 시키는 대로
나는 남의 밭에 들어가
오이 하나를 따다 그 아이에게 주었는데…

할아버지는 내 빨간 사과 저금통을 뜯어
내가 절을 하고 창가를 해서
번 돈을 오이 값으로
다 주고 오라고 하셨으니…

나는 두 손 모아 동전을 받아 들고
돈이 떨어질세라 돈만 바라보며
조심조심히 이웃집
오이 임자한테 가서 돈을 주었지만…

오이 임자는 돈은 받지 않고
다시는 오이를 따지 말라고만 했으니…
그때 어찌나 좋았던지
지금도 나는 오이 밭에만 가면
그때 생각이 나서 좋답니다.

상수리

내 고향 역멀에 가을이 오면
나는 바가지를 들고 누님을 따라
지키는 용이네 뒷산으로
상수리를 따러 가곤 했습니다.

누님이 그 가녀린 팔로 메를 들고
상수리나무를 쾅하고 때리면
너무나도 사랑스러웠던 상수리는
우수수 우박처럼 떨어졌는데…

그때마다 산 임자는 '거기 있거라'
소리를 지르며 다가오고
열 살 안팎 우리 오누이는
몇 주먹 주워가지고 도망을 치고…

그러면서 우리 집 뒤란
토방에 있는 단지는 채워져 갔으니…
그때 우리 오누이는 가을이 오면
상수리 모으는 재미로 살았습니다.

눈꽃만 피면

아, 눈이 오면,
눈꽃만 피면
지금도 나
동심으로 돌아가네!

하얀 토끼털 귀마개
빨간 털장갑
때깨총* 만들어
어깨에 걸머메고,

메주콩 실탄 한줌
호주머니에 넣어
눈 내리는 울안
앞뒤를 돌아다니며,

참새를 향해
때깨총을 쏘던
그때 그 어린 시절로
다시 돌아가네!

*때깨총: 대나무로 만든 장난감 총으로 메주콩이나 굵은 모래알을 넣어 쏘았다.

죽마고우 2

내 고향 역멀 샘 거리에
7월 장마철이 오고
말랐던 도랑에 졸졸
맑은 물 흘러내리기 시작하면

고사리 손으로 도랑을 막고
호박 잎 대공 잘라 호스를 만들어
대공에서 졸졸 흘러나오는
물줄기를 보며 신기해하던 어린 시절!

강구 잡아 경주를 시키고
도랑물에 발을 담고 물장구를 치며
같이 놀던 죽마고우들
지금 다 어디에 있는가?

우리 함께 만나 고향엘 찾아가서
옛날 어른들이 그랬던 것처럼
우리도 한번 샘거리에 모여앉아
밤이 이슥하도록 이야길 나누세나!

썰매

고봉산자락 냉교씨네 논에 얼음이 얼면
아버지가 만들어 준 썰매를 가지고 나와
으시대며 노는 아이들도 있었는데…

나는 썰매대신 대나무를 쪼개
불에 구어 휘어서 신발 밑에 끼워
쭈그리고 앉아 미끄럼을 탔으니…

내 어린 시절 소원은 주머니칼에
기계로 깎은 팽이하고
철사로 만든 썰매 하나를 갖는 것이었습니다.

해방이 되던 날

1945년 8월 15일 일제 치하에서
우리 민족이 해방이 되던 날!
그날은 유난히도 뙤약볕이 강렬하고
너무 더워 문지방 송진이 흘러내렸습니다.

그때 나는 초등학교 1학년이었는데,
할아버지는 나에게
'오늘은 너무 뜨거워 더위를 먹겠다'
하시며 밖에 나가지 말라하셨지만…

그날도 나는 울 밖 담장 아래서
땅 메뚜기를 잡다가 들어와 보니
해방이 되었다며 어른들이 어찌나
기뻐하는지 그런 모습은 처음 봤습니다.

몇 날을 두고 동네마다 풍장을 치며,
먹고 마시며 대 축제를 벌였으니
온 민족이 하나가 되어
그때만큼 기뻐한 때는 없었습니다.

달걀

나 열두 살 때 할머니를 졸라
병아리 한 마리를 얻어
개구리를 잡아다 먹여가며 키워서
일곱 달이 되어 첫 알을 낳았는데…

알 판 돈을 모아 돼지새끼를 사려고
그다지도 먹고 싶었던 찐 달걀을
꾹 참고 입에 대보지도 않고
고스란히 일곱 줄을 모아놓았더니…

1947년 이브 날밤 동네 청년 둘이 와서
내일 아침 날이 새면 준다며
달걀 70개를 몽땅 가져가고는
끝내 떼어먹고 황천객이 되었으니…

내 배꼽 위에 진 기와집은 그날 밤
알 바구니에 담겨 산산조각이 났는데…
내 달걀 값은 천국 창고에나 쌓여있을까?
지금 내 통장에 들어있을까?

할머니의 물 항아리

우리 할머니 분가할 때 타고난
우둥퉁한 조선시대 물 항아리!
할머니는 행주로도 닦지 않고
손바닥으로 항아리를 닦으셨지요.

그 물 항아리 부엌에 묻어놓고
날마다 아침이면 물지게로
물을 길어다 부어놓고
십여 식구 먹고 쓰며 살았는데…

1973년 초가 팔 칸 고패집을 헐어내고
양옥으로 바꾸면서 할머니 물 항아리는
집 모퉁이 처마 밑에 옮겨져
삼십 오년 천대를 받아 마음이 아팠는데…

2008년 봄 백년도 더 간직해 온
할머니 손때 묻은 물 항아리가
소금항아리로 거듭나 대를 이어
전해지게 되었으니 손자 마음 흐뭇합니다.

동짓날

오늘은 2008년 동짓날!
어머니 가시고 나서
우리는 처음으로
동지팥죽을 끓여먹었습니다.

어머니 살아계실 땐
우리도 해마다
동짓날이 되면 의례
팥죽을 끓여 먹는 줄만 알고 살았는데…

아내는 오늘
팥죽을 먹으면서
아들딸이 걸리는지
아이들 생각을 하고 있지만…

내 마음은 함박눈을 맞으며
새천년을 열흘 앞둔 동짓날에
마지막 집을 떠나시던
우리 어머니 생각으로 꽉 차있었답니다.

세희

갸름한 얼굴에
고개를 배틀이고
출렁출렁 물지게로
매일 물을 긷던 세희!

물을 길 때말고는
동네 어디서도
볼 수 없었던
새침데기 연상의 소녀!

흔들리는 양동이에서
출렁출렁 물이 튀어
가냘픈 세희 몸에
서서히 젖어들면

사춘기 새초롬한
안개꽃 세희 얼굴도
물방울 댕기머리도
더 이뻐만 보였는데…

세희는 볼 때마다
한눈도 팔지 않고
고개를 배틀이고
출렁출렁 뛰어만 가고…

추억의 수업시간

1952년 내, 중2 때 어느 봄날
팔마재 뒷산 아지랑이 춤을 추고
날씨마저 화창한데…

처녀 영어 선생님 시간에
난데없이 대추벌 한 마리가 들어와
윙윙 교실을 후비고 다녔으니…

아이들은 신이 나서 벌바를 연창하고
선생님은 돌아서서 말도 못하고
귓불이 빨개져 칠판만 바라보는데…

그럴수록 벌은 더 윙윙거리고
황당해 하는 선생님을 보면서
아이들은 웃음덩어리가 되고…

끝내 도망치듯 교실을
빠져나가시는 선생님을 보면서
교실은 난장판이 되었으니…

벌바(vulva): 여자의 음문(陰門)

내 고향 역멀에 장날이 오면

내 고향 역멀에 장날이 오면
고개고개 이고 간 채소 팔아
지화 몇 장 손에 쥐면 그날만은
역멀 아낙들도 뒷목이 든든했으니…

순대국에 말어 주는
뺀 국수 한 투가리로
배를 채우고 나면
천석 궁이 부럽지 않았습니다.

번 돈 손에 쥐고 해질녘
오다마 몇 개 괴춤에 끄리고
생선 몇 꼬랭이 광주리에 담아
아낙들 개선장군처럼 구렁너머 넘어오면

오다마를 기다리는 아이들도
거나해진 어른들도 시끌벅적 다 좋아만했으니…
내 어렸을 적 지경 장날은
정말 동네 축제의 날이었습니다.

3부

큰 개부랄꽃 옆에서

큰 개부랄꽃 옆에서

오동 보라 큰 개부랄꽃!
아직 봄도 멀었는데
누가 널 기다린다고
성급히 깨어 불을 밝혔느냐?

나는 지금껏
이 세상 꽃 중에서
너보다 작은 꽃을
보지 못한 것 같은데…

왜 너를 보고 하필이면
큰 개부랄꽃이라고 하는지
나는 도무지
이해할 수가 없단다.

허기야
요샛날 이해할 수 없는 게
네 이름뿐이겠느냐?
그런 게 어디 셀 수나 있어야지!

다시 봄!

오늘은 2009년 춘분절(春分節)!
오늘따라 유난히도
햇볕이 맑고 따스해서
아내는 고추장을 담고,

나는 겨울 이불을 내다
섬돌 난간 위에 널었다가
먼지를 털어 넣어두고,
봄 이불을 새로 내놓았습니다.

작년 봄엔 모르고
그냥 흘려보낸 것들이
올봄엔 새삼스레 내 가슴에
기쁨으로 와 닿는 걸 보면,

무병장수만큼
더 큰 축복은 없습니다.
젊은이들은 늙으면 무슨 재미로
사느냐고 반문할지모르지만…

오히려 더 좋아만했습니다.

어머니 여든 두 살 되던 해
어머닐 모시고 우리 식구
동해안 피서를 가다가

원주시 교외 정자나무 마을이
하도 평화롭게 보여서
잠시 쉬어갈 양으로 들렀더니…

고희쯤 되어 보이는 노인들이
정자나무 아래서 놀다가
어머닐 보고 나이를 물어오는데,

많이 먹었다고만 하는 어머니에게
노인들 앞에서
나이타령을 한다며 언짢아했지만,
어머니는 오히려 더 좋아만했습니다.

임자 없는 늙은 호박

빈집 헛간 스레트 지붕 위에
임자 없이 누워있는
늙은 호박 다섯 통!

독거노인 너희 주인과
올여름 함께 살 때만해도
너희들도 사랑을 받고 살았는데…

너희 주인 병원으로 실려 가서
돌아오지 않으니
너희들은 하루아침에
따라지신세가 되었구나!

이게 어디
너희들만의 일이겠느냐?
사람도 임자가 있어야 귀해 보이지!

어느 며느리의 고백

부모님께 의지하고
부모님을 바라보며 살았을 때는
어렵고 만사가 불통이더니…

그 때는
부모님한테
불만이 많았었는데…

부모님에 대한
기대를 접고
열심히 살면서 기도를 했더니

일이 슬슬 풀려서도 그렇지만
그보다도 더
마음이 편해서 좋다고…

절

1953년 역멀논을 팔아다
구율에 논을 사는 바람에
1958년 아버지가 돌아가실 때까지
우리 집은 두 집 살림을 했었는데…

방학을 하고 집에 와서
아버지께 절을 드리려고 하면
할아버지께 먼저 가지 않았다고
아버지는 절대로 절을 받지 않았습니다.

나는 그때마다 무거운 짐을 들고
30리 길을 다닐 순 없었다며
내 생각이 옳다고 주장했지만…

지금 생각해 보면
아버지 말씀이 백 번 옳았습니다.
내가 좀 힘들더라도 그때
할아버지한테 먼저 갔었더라면

아버지 마음도 편하셨고,
할아버지 할머니도 더 좋아하셨을 텐데…
그러잖아도 늙으면 소외감을 느끼는 건데…

홍단풍

봄에 본 홍단풍이
너무 아름다워서
나, 홍단풍을 사다가
심어놓고 보는데…

봄에 볼 땐 그다지도
아름답던 홍단풍이
날이 갈수록 우중충
점점 미워지더니만…

정작 단풍철이 되니
뒷메 잡목들까지도
곱게 물이 들었는데,
유독 홍단풍만 그대로니…

나 그래도 봄 한철
홍단풍 때문에 좋았으니…
앞으로 홍단풍이 더 추해진대도
나 글로 만족하리라!

안부(安否)

잊었던 옛 동료가 보낸
아들 결혼 청첩장을 받고
옛 친구들도 만나볼 겸
잔뜩 기대를 가지고 나가봤더니…

와있을 거라고 생각했던 사람이
오지 않아 안부를 물으니
그 사람 들어앉은 지 오래라 하네.

그 말을 듣는 순간 참
안됐다는 생각이 들기 전에
먼저 생각나는 게 있었으니
지난 날 그 사람의 모습들이었네!

정년 후 맘에 맞는 4인방(?)
친구 넷이서 날마다 얼려
여생을 즐기며 멋있게 산다고
자랑 자랑하던 모습이…

가을 날씨

몇 자 글씨 좀 끄적거리려고
컴퓨터 앞에 앉았더니,
방이 너무 어두워 일어나
한지 안창(內窓)을 열어놓고,

막 앉아서 일을 손에 잡으니,
햇볕이 쨍~하고 들어오면서
내 눈을 부시게 하네!

반가워 일어나
안창을 다시 닫고 앉았더니,
또 금방 방이 어두워져

다시 일어나
창문을 열고 막 앉아 있는데,
또 다시 해맑은 햇살이
빤~짝하고 들어왔네!

어휴! 이 변덕스런 가을 날씨야!
네가 날 가지고 참 잘도 노는구나
이젠 나올라면 나오고
들어갈라면 들어가거라!

작은 새 한 마리

앞 밭 장다리 꽃
봄바람에 하늘거리고
산수유 매화꽃도 저렇게
아름답게 피어 있는데…

이름 모를 작은 새 한 마리
대문 앞 전기 줄에 날아와
아침부터 잠시도 쉬지 않고
목이 터져라 울어대고 있다.

비도 오지 않는데
계속 몸을 털어대며
포송포송 마른 깃을 곤두세우고
혼자 자지러지고 있다.

너희들은 따로 가진 것도 없으니
뺏길 것도 뺏어갈 놈도 없는데…
어쩌자고 그리 슬피 울어대느냐?
아이고, 이 예쁜 작은 새야!

까치 5

울안 잔디밭에 까치 한 마리
두 나래를 편 채 엎디어 있고
곁엔 까치 떼가 뼁 둘러 있는 것이
예삿일 같지 않아서 나가봤더니…

까치들은 마지못해 일어나
슬슬 담장 위로 올라가서는
원망스런 눈초리로
날 빤히 쳐다보고 있다.

해마다 보리수와 자두는 아주
까치 몫으로 놓아두었는데,
고놈들 하는 짓이 하도 밉살스러서
어제는 자두를 몽땅 다 따왔더니만,

저렇게들 몰려와서 날 성토하고 있으니…
저 웃기는 녀석들도
여직껏 그게 다
제 것인 줄만 알고 있었나보다!

심방을 가서

1990년대 후반 함박눈이 장설로 쏟아지고
연일 혹한으로 빙판을 이루고 있던 성탄절에
북내리 홀로 사는 50대 고씨를
쌀 한 포대를 가지고 심방한 일이 있었는데…

고씨가 하는 말이 작년까지는
의식주 걱정은 없었는데,
노모 가시고 나서 그 뒤로
부엌에 불을 지펴보질 못했다고 한다.

그래서 내가 취로사업에라도
나가면 될 게 아니냐고 했더니
'왜 내가 그런 델 나가냐' 고 정색을 하며
고씨는 오히려 내게 따져 묻는다.

봉황은 굶어는 죽을지언정 좁쌀은 안 먹는다고?
바로 앞산에 오르면 썩어나는 게 나문데,
똥이 어는 냉방에서 사는 사람을 보고
내가 무슨 말을 더하랴!

4부
하나님의 뜻

하나님의 뜻

항상 기뻐하라.
쉬지 말고 기도하라.
범사에 감사하라.' 는
하나님 말씀을 벽에 걸어놓고
강산이 변하도록 살면서도

이 말씀이 나를 살리는
말씀인 줄도 모르고
좋으면 감사하고 기뻐하다가도,
어려운 일을 당하면
걱정을 하면서 살았습니다.

옛말에도 일노일노(一怒一老)
일소일소(一笑一少)라 했는데…

고통스러울 때도 감사하고
기뻐할 수만 있다면
그보다 더한 복이
어디에 또 있겠습니까?

웃기는 양반

열한 번째 시집 구불길
편집을 끝내고 하도 좋아서
기도를 하고
담근 술 머루주 한잔을 했더니…

아내는 장로님이 술을 마신다며
'술을 말든가,
기도를 말든가 해야지' 하며
날 보고 웃기는 양반이라지만…

허지만 나의 주님은
매사에 기도하는 내가 이뻐서
지금도 내 머리를
쓰다듬어 주시리라 믿습니다.

호들갑을 떨지 말아요.

호들갑을 떨지 말아요.
정말
별것도 아닌 걸 가지고…

나는 누구의 말도
그대로 받아 들여요. …
그래서 상처를 많이 받아요.

호들갑을 떠는 건 싫어요.
더도 덜도 말고
있는 그대로만 말해요.

사혈(瀉血)

쫄병 생활을 하면서
하루도 빠지지 않고
날마다 미제 꼭괭이 자루로
줄빠따를 어찌나 많이 맞았던지
내 엉덩이엔 피멍이 가실 날이 없었습니다.

60대에 들어서면서 제일 먼저
고관절에 후유증이 나타나
찬 곳에 오래 앉아 있다가
일어나 걸으려면 걸음걸이가 어색하여
걱정을 했었는데…

내 우연히 사혈이란 걸 알게 되어
고관절에서 새까만 어혈 30캡을 빼내고
십대와 달음질을 견줄 수 있는
새 엉덩이로 거듭났으니…
사혈을 모르는 사람이 어찌 이 맛을 아랴!

사혈(瀉血) 2

큰 며느리가 운전을 하다가 갑자기
목이 돌아가지 않아 병원엘 갔는데,
목디스크라 한다며 울며 전화가 왔네.

나는 즉시 집으로 오라고 해서
등 세 곳에서 다섯 캡씩
다섯 번씩 사혈을 해주었는데…

마지막 부황기도 떼기 전에
며느리는 목이 돌아간다며
감격해 했으니…

내가 만일 사혈을 몰랐다면
며느리는 병원에서 하라는 대로
수술을 할 수밖에 없었겠지!

사혈(瀉血) 3

질병이 생기는 것은
어혈(瘀血)이 모세혈관을 막아
피가 돌지 못해 생기는 현상이니,

아픈 부위에다 부황기를 대고
어혈만 뽑아주면 신기하리만치
병은 즉석에서 해결되는데…

세 끼 정상적인 식생활을 하는
사람만이 사혈이 가능하며,
사혈할 땐 보양식을 하면
새 피가 빨리 생겨 회복이 빠릅니다.

주(註): 나의 사혈 요법(療法)은 심천사혈요법에서 터득한 것임을 밝혀둡니다.

녹차

섬학교 기숙사 생활을 하는 동안
나의 소변기는
프라스틱 소주병이었는데…

한 주만 지나면 병 밑바닥에
백사금파리 가루 같은
콜레스테롤이 하얗게 끼어있었네.

그런데 우연히 녹차를 마신
다음 날 소변 통을 씻으면서
나는 엄청난 것을 발견했으니…

예리한 쇠꼬챙이로 긁어도
끄떡도 않던 콜레스테롤 앙금이
흐물흐물 맥없이 풀리고 있었네.

일기

2009. 10. 31 맑음

가용 짚으로 쓰려고 고가논에 나가
짚 두 다발을 묶어서
양손에 들고 집에 들어오는데
남풍이 어찌나 쎄게 부는지

뒷산 밤나무가지에선 단풍이
한꺼번에 쏟아져
산산이 하늘을 향해 날고
내 밀짚모자를 두 번이나 차다 버린다.

짚 다발을 차고 안에 넣어놓고
나는 소나무 밭에
왕겨를 깔아주다 말고
목이 말라 집에 들어왔다.

몇 달 전만 해도
일을 끝내고 들어왔어야
내 직성이 풀렸겠지만…
이젠 나도 내 몸도 좀 사리면서 살아야겠다.

허수아비 2

혼자 소나무 밭을 매면서
집 문소리만 들려도 아내가
냉수라도 한 컵 가져오나 하고
나는 집 쪽만 계속 바라보지만,

그때마다 내 소라색 와이셔츠에
밀짚모자를 푹 눌러쓰고
행 길가 의자에 앉아있는
허수아비만 내 눈에 들어왔네.

한나절이 지나도록 아내는
얼씬도 하지 않고
집 쪽을 바라볼 때 마다
내 눈엔 허수아비만 들어왔지만,

허수아비가 남 같지 않고
꼭 나만 같아 보여서
오늘은 혼자 있어도
전혀 외롭지 않고 좋았네!

코스모스 2

가시도 없이 마냥 하늘거리는 몸짓이
너무나도 유연하고 아름다워서
누구나 쓸어안아보고 싶고
은은한 그 향취에 젖어보고 싶어

가까이에 가서 어루만지다가
한두 송이 꺾어가는 꽃
코스모스를 보면서 나는
순님이를 보고 코스모스꽃이라 불렀습니다.

순님이는 코스모스란 말엔
무척이나 좋아하면서도
다만 누구나 꺾어가는 꽃이란 말이
마음에 걸린다며 아쉬워하지만…

순님이는 모릅니다.
꽃은 품위 있고 고상한 꽃보다
누구나 꺾어가고 싶은 꽃이라야
진정 아름다운 꽃이라는 걸…

봄에 핀 눈꽃

현관 앞 섬돌 위에 때 아닌
봄눈이 푸짐히도 내리더니…
느티나무 분재목 가지마다
하얀 눈꽃이 사뿐히 내려앉아

금방이라도 날아갈 듯
하얀 깃을 세우고
날렵히 앉아 있는 모습은
아, 정말 눈이 부시도록 아름답구나!

담장 밑 샛노란 민들레도
천하일색 산다화도
널 보고 쪽이 팔려
눈 속에 숨어 꼼짝도 않고 있으니…

생일선물

막내아들이 생일선물로 사온
흰색바탕에 빨강무늬 티셔츠를
큰며느리가 보고는…

요즘 노인들이 좋아하는
스타일로 사왔다 면서도…

아버님은 노인이 아니니
아버님 취향에 맞는
스타일로 바꿔 입으라 하네!

시아버지 듣기 좋으란
말인 줄 알면서도 나는
노인이 아니란 말이 좋아
떼놨던 나벨을 다시 찾아 달았네.

5부 전원생활 2

콩 심는 날

오늘은 하지 절
우리 집
메주콩 심는 날.

바람도 한 점 없는데
담배초 하얀 꽃들이 하늘하늘
평화로이 몸을 흔든다.

우리네 인간들이
한치 앞도 모르고
흔들어대며 세상을 살아가듯이…

아랫마을 광귀군이
트랙터를 몰고 오면
너희 운명도 그만인 것을…

전원생활

무공해 채소를 먹겠다며
막내 아들며느리가
우리 밭에다 골고루 채소를 심어놓고,

주말마다 집에 오면 나를 도와
분재에 물도 주고
토종 생달걀도 먹고 가져도 가는데…

암탉이 꼬꼬댁 소리를 지르면
늦둥이가 지키고 있다가
알을 꺼내들고 와서 아비한테 주면

어미는 늦둥이 형지가 기특해
머리를 쓰다듬어 주며
예뻐하는 장면이 나 보기엔

영화의 한 장면 같이
아름답고행복하게만 보이는데…
저애들도 지금 그리 생각하고 있을까?

농심(農心)

2009년 가을도 얼마 남지 않았어요!
추분(秋分)이 지난지도
벌써 삼일이나 지났는걸요.

내일 모래 큰비가 내린다지만
보얗게 타들어가는 땅을 보면서
그때까지 기다릴 순 없어요.

비록 헛일이 될지언정
목이 말라 힘들어하는 나무를
보고도 못 본체할 수는 없어요.

단 하루라도 빨리 물을 주어
내 사랑하는 소나무
갈증을 어서 풀어주어야겠어요.

이상기온을 보면서

-2008년 봄에-

언제부턴가 팔월장마란 말이 생기더니
지난해도 7월 장마가 지난 뒤에
8월 내내 여름 한 철을 두고 계속
비가 줄기차게 내려 오곡백과를 덜더니만…

올 겨울에는 1년 중 가장 춥다는
소한이 지나도록 추위 한 번 오지 않고,
서해안엔 겨울 내내 눈마저 내리지 않았으니…

올봄엔 어디를 가도 흙이 부옇게 말라
온 밭을 다 더듬고 다녀도
그 흔한 봄나물마저 찾기가 힘드니…
아, 세상이 변해도 너무 급히 변하는구나!

신토불이(身土不二)

내가 토종음식만을 먹고 살 때는
병원을 모르고 살았는데…
입맛이 서구화 되면서
내 몸은 점점 오염되어갔지만
나는 그걸 몰랐습니다.

채식민족은 소장이 길어서
육식에 대한 해독이 더 크다는 것도
건강을 해치고 나서야 알았으니…

3년을 한 끼씩 생식하면서
나는 어려서 먹던 음식 말고는
아무것도 먹지 않았더니…
내 몸도 다시 옛날로 돌아갔습니다.

병은 잘못 먹은 거에 대한 몸의 반란이며
몸을 혹사한 거에 대한
항거라는 것도 알았습니다.

섬진강 산마을

화개장터를 찾아가다가
섬진강 산중마을도 보고 싶어서
좌회전 산중 비탈길을 따라
한참 올라갔더니…

산속 끝 마을이 나왔는데,
계곡의 물소리는 아름답고
산비탈에 지은 집들은
작지만 아담하고 깨끗하다.

겨울엔 어찌 사느냐고 물었더니…
다 막히고 남쪽만 트여서
산 밑보다 눈이 빨리 녹는다며
산에만 올라가면 돈이 지천이라면서
산 중턱 녹차 밭을 가리킨다.

나도 여기다 삼간집 하나 사놓고
여름이면 한 철 와서 살고도 싶은데…
지금은 산을 찾는 이가 많아
집을 살 수도 없다며 목에 힘을 준다.

생선장수

'목포 먹갈치가
눈을 떴다~ 감었다~
꼬리를 살랑~ 살랑~'

골목어귀에서 계속 외쳐대는
생선장수의 소리가
음악같이 듣기에 좋아서

거짓말인 줄
알면서도 나는
목포 먹갈치를 샀습니다.

아내의 웃음

아내가 큰 소포 하나를 들고
방에 들어오면서
얼굴에 희색이 넘치길래

나는 좋은 사람한테서
별난 선물이라도
받은 줄만 알고 물어보았더니…

소포에는 관심이 없고
우체부가 그러는데,
자기를 보고 아주머니라고 불렀단다.

큰오빠

2009년 가을 단풍이 절정에 이르던 날
고교 동창회장의 전화만 받고
나는 영문도 모른 채 아침 일찍
대야에 나가 무조건 관광차를 타고 보니…

동창들은 여섯 명만 나온 데다
동승한 사람들은 늙고 초라하여
나는 찌뿌둥 앞자리에 앉아있는데…
짙게 분장한 가이드가 날보고
'큰오빠는 심기가 불편하신가 봐' 말을 걸더니…

점심값 만원만 받고 공짜로 구경을 시켜주니
오늘은 약장사 구경을 해야 한다며
여덟 시간을 끌고 다녔지만 나는
여기에 온 게 죄지 하면서 따라만 다녔네.

약장사 구경은 힘들게 끝이 나고,
차안에선 궁짝판이 벌어졌는데…
젊은이들이 없으니 눈치 볼 일도 없어서
또래 노인들 틈에 끼어 정년퇴임 후
8년 만에 처음으로 마구 흔들어 댔더니…

스트레스도 풀리고, 운동도 되고…
차 안의 할머니들은 날보고
큰오빠 큰오빠하면서 마구 달려들고…
나 오늘보다 더 기쁜 관광은 없었네!

화개나루터에서

1956년 고교시절 무전여행을 왔던
쌍계사를 다시 찾아가는 길에
화개장터에서 일박을 하고
옛 화개나루터를 둘러보고 있노라니…

화개 동천 여울목에선 숭어가
호기스럽게 물장구를 치고,
남도 대교아래 은빛 은어는
예처럼 하늘 높이 솟구친다.

한국전쟁 때 불태웠던 산에
사방공사를 하며 새로 심은 잡목들
그때만 해도 내 키보다 좀 컸었는데
아! 어느새 고목이 다 되었으니…

첩 첩 산 굽이굽이 섬진강 오백리
만 구비에 서린 한을 그 누가 알랴만
알아주는 이 아무도 없어도
오늘도 섬진강은 묵묵히 흐르고 있구나!

만보 할아버지

나, 네 살 때 역멀에 이사를 하고 나서
나는 가끔 꼬마 아이들을 따라 외딴 집
두 내외만 사는 역졸 출신 할아버지 집에 가서
큰 소리로 '만보~ 만보~' 하면서
아주 의젓하게(?) 할아버지 이름을 불렀습니다.

할아버지가 나오시면 아이들은 도망쳤는데…
고부라지게 늙은 할아버지 내외는
이상하게도 아이들에게 존댓말을 쓰며
오히려 더 좋아하는 것 같았습니다.

그런데 지금 생각해 보면 피 붙이 하나 없이
사람 그림자도 못 보며 사는 내외가
동네 꼬마들이 찾아와서 이름을 불러주니
꼬마들이 반갑고 좋았을 거라는 생각이 듭니다.

고스러지게 늙어서 일제말기
내외가 한 날 한 시에 돌아가시고,
그들이 남겨놓은 재산으로
동네사람들이 초상을 치렀지만…
지금도 그 노인들을 생각하면 마음이 아픕니다.

내가 당한 한국전쟁

1950년 한국전쟁이 일어나던 해
우리는 지아멀 논에 올벼를 심어
사촌동생까지 넷이서 네 귀퉁이에
혼자씩 서서 새를 보고 있었는데…

우리 말고는 아무도 없는 들판에
갑자기 호주기 두 대가 나타나더니
차례로 우리에게 떨어지듯
내려오며 마구 기관총을 쏘아댔으니…

우리는 번개처럼 논에 뛰어들었고,
비행기는 한번으로 끝나지 않고
세 번씩이나 솟구쳤다가는 다시
떨어지면서 기관총을 쏘아댔는데…

밀짚모가 없어 호박잎을 쓰고
논일을 하다가 비행기 습격을 받아
다 죽었단 소릴 들은 터라
우리는 꼭 죽는 줄만 알았네.

하늘에는 급작스레 나타나는 비행기!
땅엔 공산당이 휘두르는 죽음의 공포!
동족상잔만큼 무서운 건 없었으니…
적이 바로 내 이웃이었기 때문이었네.

구불길(고석원 제 11시집)

지은이 / 고 석 원

2010. 3. 5. 초판 인쇄
2010. 3. 10. 초판 발행

펴낸곳/ 도서출판 엠-애드
펴낸이/ 이 승 한
서울시 중구 필동3가 10-1
전화 / 02)2278-8063/4
팩스/ 02)2275-8064
e-mail/madd1@hanmail.net
등록번호/ 제2-2554

마케터/ 이종학
디자이너/ 임선실
전산팀/ 임민영

정가: 6,000원

ISBN 978-89-88277-91-1